DISCOURS

PRONONCÉ A LA RENTRÉE SOLENNELLE

DES

CONFÉRENCES DES AVOCATS STAGIAIRES

Le 14 Décembre 1879

PAR

M. P. TIMBAL

BATONNIER DE L'ORDRE DES AVOCATS PRÈS LA COUR D'APPEL DE TOULOUSE

TOULOUSE

IMPRIMERIE PAUL PRIVAT, RUE TRIPIÈRE, 9

—

1880

DISCOURS

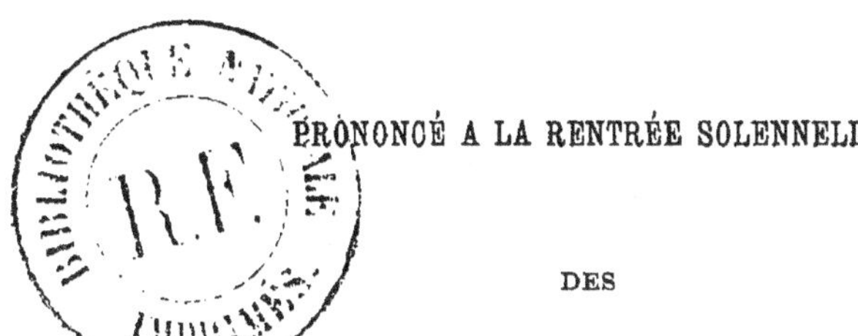
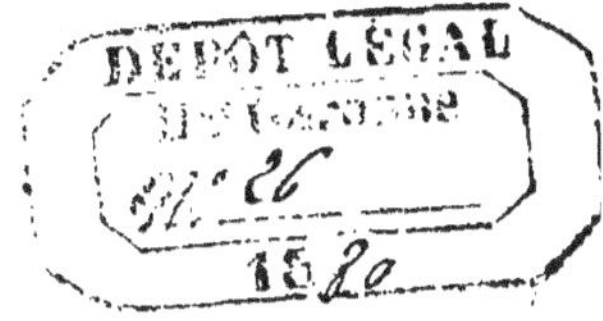

PRONONCÉ A LA RENTRÉE SOLENNELLE

DES

CONFÉRENCES DES AVOCATS STAGIAIRES

Le 14 Décembre 1879

PAR

M. P. TIMBAL

BATONNIER DE L'ORDRE DES AVOCATS PRÈS LA COUR D'APPEL DE TOULOUSE

———

TOULOUSE

IMPRIMERIE PAUL PRIVAT, RUE TRIPIÈRE, 9

—

1880

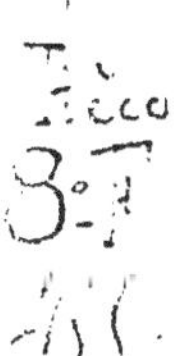

Mes chers Confrères,

Vous n'attendez pas de moi un long discours, et je garderais volontiers le silence, heureux d'applaudir les jeunes orateurs que vous allez entendre[1], si je n'avais à cœur de vous exprimer mes remercîments.

Le bâtonnat est la suprême dignité de notre Ordre : il est un hommage rendu au caractère plus encore qu'au talent; aussi, celui qui en est investi par les suffrages de ses confrères, a-t-il le droit d'en être fier et peut-il s'écrier, à l'exemple d'un Ancien : « Je n'ai pas perdu ma journée. »

1. Mᵉ Roger Teullé, Dissertation sur les *Lettres missives ;* Mᵉ Gaston Garrisson, *Éloge de François de Maynard.*

Il y a vingt-cinq ans, lorsque vos devanciers m'appelèrent à l'insigne honneur de marcher à votre tête, je fus profondément touché de cette marque de bienveillance : jugez donc, Messieurs, quels sont les sentiments que j'éprouve aujourd'hui, et combien vive est mon émotion !

Arrivé au terme d'une carrière qui compte plus d'un demi-siècle d'exercice et qui s'est écoulée, presque tout entière, au sein de votre barreau, j'allais chercher dans le silence du cabinet et les joies de la famille le repos nécessaire après tant de labeurs, lorsque, m'arrêtant sur le seuil, vous m'avez imposé l'obligation de rester au milieu de vous, en me proclamant votre chef.

Comment, Messieurs, ne serais-je pas profondément ému d'une telle marque de sympathie, et quelles expressions seraient assez vives pour manifester ma reconnaissance ? Agréez donc mes remercîments, vous, mes chers confrères, qui avez été les compagnons de mes luttes judiciaires de tous les jours, et dont l'amitié s'est développée avec les années ; et, vous aussi, jeunes confrères, qui entourez mes cheveux blancs de tant de respect et d'affection !

Je connais, Messieurs, tous les devoirs que vos suffrages m'imposent ; mais, permettez-moi de le dire, je ne suis nullement effrayé à la pensée de les remplir. Les traditions de loyauté, d'honneur et de confraternité qui règnent dans ce grand barreau toulousain, rendent agréable la tâche de votre bâtonnier ; et si (ce qu'à Dieu ne plaise !) quelque violation de ces règles saintes venait nous attrister, ne lui serait-il pas facile d'en rétablir l'harmonie, avec l'aide d'un Conseil[1] où se rencontre, avec l'éclat des lumières, le sentiment profond de la dignité de notre Ordre ?

Mettons-nous donc à l'œuvre avec confiance, mes chers confrères ; et, pour inaugurer la reprise de nos travaux, permettez-moi d'adresser aux jeunes stagiaires quelques conseils sur les études qu'exige la profession d'avocat et sur les devoirs qu'elle impose.

Vous avez choisi une belle profession, jeunes gens. Un illustre magistrat[2] a pu dire, sans être démenti, qu'il « n'en est pas de plus noble. » Avant lui, d'Aguesseau ne l'avait-il pas proclamée « aussi ancienne que la « magistrature, aussi noble que la vertu, aussi nécessaire que la justice[3] ? » Et le vénéré Henrion de Pansey n'en avait-il pas tracé ce magnifique portrait : « Libre des entraves qui captivent les autres « hommes, trop fier pour avoir des protecteurs, trop « obscur pour avoir des protégés, sans esclaves et « sans maître, l'avocat serait l'homme dans sa dignité « originelle si un tel homme existait sur la terre[4] ? »

Mais pourquoi ce caractère de grandeur est-il attaché à notre Ordre? C'est, Messieurs, parce que nous participons à la plus belle fonction de l'humanité, la justice, et que nous en sommes « l'âme », suivant l'expression de Boucher d'Argis. Sans le barreau, qui

---

1. Mes Albert, *secrétaire ;* Rezy, Faure (d'Avignonet) ⚜, Pillore, Astrié-Rolland, Cousin, Clolus. Favarel.
2. Dupin, *Réquisitoires du procureur général près la Cour de Cassation.*
3. D'Aguesseau, *Mercuriale de* 1689 *sur l'indépendance de l'avocat.*
4. Henrion de Pansey, *Vie de Dumoulin.*

a pour mission de l'éclairer, la magistrature serait impuissante à consacrer la vérité : « Les juges seraient « inutiles et sans fonctions (disait le président Duvair « devant le Parlement d'Aix), si les avocats ne ve- « naient à leur secours, et, par leur industrie, ne « leur découvraient la vérité déguisée par les artifices « des plaideurs et l'équité plongée et comme abîmée « dans les gouffres et fondrières de la chicanerie [1]. »

Cette communauté de sentiments et de pensées explique l'antique alliance de la magistrature et du barreau. Élevés sur les mêmes bancs, nourris dans les mêmes enseignements, associés aux mêmes travaux, poursuivant le même but, dominés par le même idéal, comment les avocats et les magistrats ne seraient-ils pas unis par les liens d'une véritable confraternité ? La magistrature ne se recrute-t-elle pas dans les rangs du jeune barreau, et, à son tour, le barreau n'accueille-t-il pas avec sympathie les magistrats que les tempêtes politiques déposent sur son seuil [2] ? Les uns y attendent les vents favorables qui les ramèneront à leur carrière préférée, les autres fixent définitivement leur tente au milieu de nous, et, lorsque le succès couronne leurs efforts, nous les appelons à l'honneur de siéger au conseil de l'Ordre [3].

Des liens étroits nous unissent aussi aux hommes

1. Duvair, *Discours d'ouverture du parlement d'Aix* (1602).
2. 1879. MM. Diffre, procureur général près la Cour d'appel de Toulouse ; Laborde, procureur de la République à Villefranche (Haute-Garonne) ; baron Desazars, procureur de la République à Albi ; Saint-Laurens, substitut à Villefranche.
3. Me Clolus.

laborieux qui consacrent leur talent à l'enseignement du Droit. Ne poursuivent-ils pas le même but que nous? Enseigner les principes sur lesquels repose la science du Droit, les discuter devant les représentants de la justice, les consacrer dans les arrêts, n'est-ce pas là un rôle identique sous des faces diverses? Aussi sommes-nous heureux de voir inscrits sur notre tableau les noms de ces éminents professeurs de la Faculté de Droit[1], toujours digne des Delpech et des Chauveau, des Malpel et des Rodière, et avons-nous acquitté la dette de la reconnaissance en élevant l'un d'eux au rang de nos dignitaires[2]?

Permettez-moi aussi, Messieurs, de saluer de notre sympathique accueil ceux des membres de la Faculté libre de Droit qui ont sollicité l'honneur de devenir nos confrères. Ils ont suivi l'exemple de leur éminent doyen[3] qui a laissé au barreau les plus brillants souvenirs ; et parmi eux il est des noms qui nous sont chers à bien des titres[4] !

Ainsi, jeunes gens, quelles que soient les destinées que l'avenir vous réserve : avocats, professeurs, magistrats, vos études et vos devoirs sont les mêmes. Permettez à ma vieille expérience de vous en esquisser le tableau, et puissiez-vous retirer quelque fruit de mes conseils !

Quand vous entrez au barreau, vous avez conquis

---

1. Mes Paget, Bonfils, *doyen ;* Arnault.
2. Me Rozy.
3. Me Saturnin Vidal.
4. Mes Albert, Boutan, de Peyralade, Passama, Touzaud, Talairach.

le grade de licencié; plusieurs d'entre vous aspirent au doctorat. Vous connaissez donc les principes du Droit, mais peut-être êtes-vous plus instruits sur la théorie que sur les applications pratiques qu'il peut recevoir.

Vous devez donc continuer vos études juridiques, car, à mesure que votre raison se développera par l'effort du travail et que votre esprit s'enrichira de connaissances nouvelles, vous en saisirez mieux l'ordonnance générale ; et telle thèse qui, renfermée dans la sphère de la théorie, vous paraissait obscure, s'éclairera bientôt de soudaines clartés.

Persévérez dans ces études austères, et n'écoutez pas les détracteurs du Droit qui proclament à l'envi qu'il est une science inutile et que l'art d'expliquer les faits suffit pour conquérir la victoire. — Ne serez-vous pas appelés à remplir les fonctions d'arbitres? —De nombreux clients ne viendront-ils pas vous demander la solution immédiate du problème qui les tourmente? et, comment pourrez-vous leur répondre, si vous n'avez pas toujours ouvert dans votre mémoire le livre de la science? — S'agit-il d'étudier une cause, comment pourrez-vous peser l'importance et la valeur des faits, si vous n'avez pas comme *criterium* la loi qui les domine et qui leur imprime son autorité.

La science du Droit est donc indispensable pour l'avocat, comme pour le magistrat, et celui-là seul peut s'acquitter honorablement de sa tâche qui en a longtemps nourri son esprit et enrichi sa mémoire. Par l'effet de ce travail continu, le jugement se forme, la raison se développe, et l'on devient capable des plus hautes conceptions juridiques.

Nos anciens attachaient une telle importance à ces études que plusieurs y consacraient leurs veilles et n'abordaient jamais la barre. On les nommait *avocats consultants*, et plusieurs d'entre eux ont laissé parmi nous une renommée éclatante : il suffit de rappeler Espinasse, Roucoule, Lassalle et ce Laviguerie qui a mérité de la postérité le surnom de jurisconsulte *vertueux*[1]. Aujourd'hui, l'avocat scrute les problèmes juridiques que présente la cause, en même temps qu'il en étudie les faits. Raison de plus pour qu'il soit plus instruit !

Mais souvent le Code, même expliqué par les meilleurs commentaires des auteurs, est impuissant à donner une solution satisfaisante aux questions qui vous tourmentent, et vous êtes obligés de la rechercher dans les autres sciences.

Voyez combien est vaste le champ de vos études, car quelle est la science qui n'est pas appelée à vous éclairer de ses rayons ? La religion, qui enveloppe ici-bas l'homme tout entier et le marque au front du signe de sa véritable grandeur ; la philosophie, qui met en relief les mobiles de son activité et détermine les causes de ses actions ; la logique, qui inspire la méthode de vos discours et permet au juge de ne pas s'égarer à travers le labyrinthe des faits ; l'histoire, qui fortifie vos raisonnements de toute l'autorité

1. *Éloge de Laviguerie*, prononcé par M⁰ Auguste Albert, avocat, à l'ouverture des conférences de l'année 1843.

de ses exemples ; l'économie politique, qui explique les causes de l'enrichissement des nations ; les sciences physiques, qui découvrent les secrets les plus cachés de la nature ; les belles-lettres, qui donnent au discours cette forme attrayante qui séduit, charme et captive l'auditeur ; la poésie, dirais-je enfin si je l'osais, car, n'est-il pas vrai qu'elle inspire les lèvres de l'orateur et revêt sa pensée des beautés les plus étincelantes ?.....

Les connaissances que doit posséder l'avocat sont *universelles,* d'après Loysel. Avant lui, Cicéron s'était montré aussi exigeant pour l'avocat : « *Oratorem ple-* « *num atque perfectum eum esse dicam, qui de omni-* « *bus rebus possit varie, copiosèque dicere ; is orator* « *erit, meâ sententiâ, qui quæcumque res inciderit,* « *prudenter et compositè et ornatè et memoriter dicat*[1]. »

Heureusement, Sénèque enseigne qu'il est inutile d'approfondir toutes ces sciences et qu'il suffit d'en avoir l'intelligence : « *Etiam quod discere superva-* « *cuum est, id prodest cognoscere.* » Sinon, Messieurs, quel est celui de nous qui, se laissant aller au découragement, ne s'empresserait de se dépouiller de sa robe !

Mais, en même temps que vous étudiez le Droit et les sciences accessoires qui lui font cortége, vous devez apprendre à développer vos pensées en public et à vous exprimer dans un langage clair, précis, élé-

---

1. *De Oratore.*

gant ; et c'est dans ce but que la *Conférence du stage* a été créée.

Autrefois, l'improvisation ne régnait pas dans les débats judiciaires, et l'avocat se présentait à la barre un manuscrit à la main. Quelque savante, complète et attrayante même que fût une plaidoirie écrite à l'avance, vous comprenez quels graves inconvénients elle entraînait. Comment l'avocat, dans le silence du cabinet, pouvait-il tout prévoir? et les hésitations ou les rétractations d'un témoin ne venaient-elles pas renverser l'édifice fragile de son argumentation étudiée, sans qu'il pût modifier les évolutions de sa stratégie? Les magistrats n'étaient-ils pas effrayés à la vue de ces innombrables feuillets se déroulant lentement sans répondre toujours aux préoccupations de leur pensée? Et n'avons-nous pas vu, un soir, au vieux palais du Sénéchal, un avocat malicieux mettre le feu au manuscrit de son confrère, sous prétexte de l'éclairer, abrégeant ainsi le supplice de l'auditoire, ravi d'un tel incident?

Mais aujourd'hui l'improvisation est seule admise à la barre, et vous comprenez sa supériorité sur la parole écrite. Esclave de sa cause profondément méditée, mais maître des développements de sa pensée, l'avocat a toujours les yeux fixés sur la physionomie du juge : l'argument est-il immédiatement saisi, il n'insiste plus et court à d'autres considérations ; semble-t-il, au contraire, ne pas faire naître la conviction, il le présente sous une forme différente et avec une triomphante clarté ; ainsi s'établissent entre l'avocat et le juge des communications intimes qui ont l'avantage de rendre le débat à la fois plus lumineux et plus bref. Et puis, si l'avocat est naturellement éloquent, si chez lui la chaleur de l'âme correspond à la vivacité de l'esprit, quelles heureuses inspirations jailliront de ses lèvres ! à quelle hauteur atteindra son éloquence !

Suivez donc, avec assiduité, mes jeunes confrères, la Conférence du stage ; vous vous habituerez ainsi à l'improvisation. Ne vous effrayez pas tout d'abord des difficultés qu'elle présente ; avec le temps, la bonne volonté et le travail, vous en triompherez facilement. Si une timidité naturelle vous empêche de faire vos premières armes dans cette enceinte, où l'auditoire est nombreux, mais toujours sympathique, essayez vos forces à la Société de jurisprudence, fondée à Toulouse, il y a plus de soixante ans, par un vénéré magistrat, M. Héloin, et qui a rendu tant de services à la jeunesse. Là, entourés de quelques amis, vous aborderez la barre avec plus d'assurance, et vous nous reviendrez pleins de force, de confiance et d'intrépidité pour les luttes de la parole.

Ces conférences offrent, d'ailleurs, des avantages sérieux à ceux d'entre vous qui parviendront aux premiers rangs. La médaille *Fourtanier* est décernée, chaque année, au plus digne des stagiaires, et deux autres sont désignés par le Conseil de l'Ordre, l'un pour prononcer un discours et l'autre une dissertation. Les noms des jeunes lauréats sont ainsi mis en lumière et jetés aux échos de la renommée !

Vous ne sauriez croire, Messieurs, combien le bâtonnier s'intéresse à ces travaux de la Conférence et avec quelle joie il applaudit à vos premiers succès ! C'est qu'il recherche avec anxiété dans vos rangs quels sont ceux qui illustreront plus tard l'Ordre ou qui brilleront dans la magistrature. Avec quelle ardeur il les encourage, avec quelle effusion il leur communique ses espérances ! J'ai eu la bonne fortune, pendant les deux années de mon premier bâtonnat, de rencontrer deux de ces intelligences d'élite auxquelles j'ai pu prédire un brillant avenir, qui s'est heureusement réalisé. L'un de mes chers stagiaires, entré dans la magistrature, en a suivi tous les degrés hiérarchiques, laissant partout des traces lumineuses de son passage ; il est aujourd'hui avocat général à la Cour de Cassation, et je n'ai pas besoin de le nommer [1] ! L'autre est resté fidèle au barreau, où il a conquis rapidement un des premiers rangs ; il siége aujourd'hui au Conseil de l'Ordre, où l'appelaient depuis longtemps l'éclat de son talent et les vives sympathies de tous ses confrères [2].

Mais, Messieurs, il ne suffit pas de connaître le Droit et d'être familiarisé avec l'exercice de la parole pour être prêt à abórder la barre ou à siéger dans la magistrature : il faut encore assister au drame judiciaire, je veux dire fréquenter les audiences.

N'est-il pas regrettable de les voir si désertes, alors que le spectacle qui s'y déroule est attrayant et que ceux qui y assistent peuvent en recueillir tant de

1. M. Lacointa.
2. Mᵉ Pillore.

fruits? Écouter les raisons qui militent en faveur d'une cause, puis en entendre la réfutation, enfin, connaître l'appréciation impartiale du ministère public et la décision des juges, peut-on imaginer d'étude plus sérieuse, plus instructive, plus attachante, plus propre à donner le goût de la barre et à prémunir contre ses dangers? Comme on demandait à un célèbre orateur de l'antiquité quel avait été son précepteur d'éloquence : « Le barreau d'Athènes ! » répondit-il, et il avait raison.

Eh bien ! Messieurs, croyez-en mon témoignage : le barreau de Toulouse est digne aussi de vous enseigner l'éloquence. J'y suis entré au lendemain de la Révolution de 1830, alors qu'il rayonnait encore de la gloire de Romiguières, que le gouvernement venait d'appeler aux fonctions de procureur général ; j'ai entendu Mazoyer et Soueix déployer à la barre les richesses de leur érudition et les inépuisables ressources de leur talent ; j'ai assisté aux duels restés légendaires de Gasc et de Dugabé : l'un, tantôt sarcastique et familier, tantôt emporté jusqu'aux sommets de l'éloquence ; l'autre, toujours maître de lui-même, charmant l'auditoire par un langage d'une grâce attique et d'une inimitable distinction ; j'ai entendu les grandes plaidoiries de Féral et de Fourtanier, véritables chefs-d'œuvre où la science du Droit, la puissance de la logique et l'art de la parole se rencontraient à un suprême degré. Eh bien ! je le déclare sincèrement, le barreau d'aujourd'hui est digne du barreau d'autrefois !

Pénétrez dans ces salles d'audience qui s'ouvrent de toutes parts, écoutez et admirez! L'un brille au barreau par la science du Droit, par la vigueur de la dialectique, par la puissance du raisonnement; un autre par l'intelligence des affaires, la clarté du langage, la lucidité des démonstrations; un troisième par l'habileté de ses exposés et l'art exquis avec lequel il sait émailler son discours de traits gracieux, spirituels ou charmants; plusieurs autres, enfin, dans ces débats solennels qui mettent en jeu les grands intérêts moraux, savent « déployer les maîtresses voiles de l'éloquence[1] » et atteindre à la hauteur des orateurs célèbres.

Tel est le spectacle qui s'offre tous les jours à vos regards et peut verser dans vos esprits de précieux enseignements. Et puis, n'avons-nous pas aussi nos jours de fête, nos solennités oratoires, lorsque quelque grand avocat vient demander l'hospitalité à notre barre? Ne sommes-nous pas privilégiés à cet égard, nous qui avons eu, dans ces dernières années, la rare fortune d'entendre tour à tour Lachaud, maître habile dans les discussions difficiles et dont l'éloquence est si entraînante; Dufaure, dont la dialectique est si puissante et la parole si austère; Jules Favre, grave, incisif ou émouvant, selon les péripéties de la cause; Sénard, dont la plaidoirie, dans un procès fameux, fut un chef-d'œuvre d'esprit, de logique et de sentiment; Berryer, enfin, consacrant les dernières flammes de

---

1. Charron, *Livre de la Sagesse.*

son génie à la défense des œuvres et de la renommée du Père Lacordaire !

Quel est celui d'entre vous, Messieurs, qui, au sortir de ces mémorables audiences, le cœur encore ému et l'esprit transporté d'admiration, ne s'est pas dit à lui-même : « Je marcherai sur ces traces glorieuses ; je sais que je resterai bien loin en arrière, mais qu'importe ! je serai toujours fier d'être enrôlé dans une milice qui compte de si glorieux chefs ! »

Et maintenant, mes chers confrères, que la science du Droit vous a révélé tous ses secrets, et que l'exercice de la parole et la fréquentation des audiences vous ont préparé à la lutte, abordez la barre avec confiance. Mais gardez-vous de trop d'impatience : les succès durables sont l'œuvre du temps, et nul au barreau ne peut dire, comme le héros de Corneille :

> Mes pareils à deux fois ne se font pas connaître,
> Et pour des coups d'essai veulent des coups de maître.

Evitez aussi l'écueil contraire ; ne retardez pas trop longtemps l'heure de vos débuts, car vous pourriez être effrayés par les dangers de la lutte !

Le début vous a sacré avocats ; entrés dans la carrière, vous êtes prêts à en exercer tous les travaux. Soyez toujours pénétrés de cette pensée que nul ne vous demandera compte de la sagesse de vos conseils ou du mérite de vos plaidoiries, mais que vous aurez un juge inflexible dans votre conscience, car ce sont les plus grands intérêts de ce monde qui vous sont confiés : la vie, la fortune, l'honneur des citoyens !

Un client se présente dans votre cabinet, vous devez l'accueillir avec sympathie ; c'est un malade qui vient réclamer vos soins et chercher le baume nécessaire à ses blessures. Écoutez-le avec patience : souvent il s'égarera dans son exposé pour invectiver l'adversaire ; mais, dans son récit, vous démêlerez toujours des choses utiles, car l'intérêt le guide et il a longtemps médité sa cause. Interrogez-le à votre tour, présentez-lui les objections que vous suggère la cause ; ne craignez pas de refroidir sa confiance en n'encourageant pas sa passion, car, avant tout, vous devez éclairer votre conscience.

Êtes-vous convaincu qu'il se [trompe, et qu'il est plus docile à la voix de la colère qu'à celle de son intérêt, instruisez-le de son erreur ; s'il vous écoute, quel service vous lui aurez rendu ! si, au contraire, il vous retire sa confiance, vous serez heureux de n'être pas associé au naufrage de ses espérances.

Une transaction vous paraît-elle plus favorable qu'une défense obstinée, tentez la conciliation : elle a toujours des chances de succès, et vous remplirez encore un devoir.

Enfin, mes chers confrères, croyez-moi, n'acceptez jamais une cause qui ne vous paraît pas juste. Sans doute, je sais combien l'illusion est facile à cet égard ; la loi est obscure, ses interprétations différentes, la jurisprudence divisée ; et puis, d'un côté, se trouve la faveur du fait ; de l'autre, la rigueur du droit ; la difficulté même de vaincre est un puissant attrait pour les esprits supérieurs ; n'hésitez pas, cependant ! Songez que vous avez charge d'âmes et que conseiller la fraude ou s'y associer, c'est s'en rendre complice : ayez pour devise : *Non omnia, sed bona.* En choisissant bien vos causes, vous jouirez de l'estime et de la considération des juges, et quand vous vous présenterez à le barre, entourés de cette auréole de probité et de délicatesse, vous les trouverez favorablement disposés à vous entendre.

Avez-vous accepté une affaire qui vous paraît juste, votre devoir est de l'étudier avec soin. C'est le premier conseil que Cicéron donne à l'orateur : « *Hoc et pri-* « *mùm præcipiemus, quascumque causas erit acturus,* « *ut eas diligenter penitùsque cognoscat... quòd non* « *potest de eâ re quam non novit nisi turpissimè di-* « *cere.* » C'est qu'en effet, Messieurs, l'expérience le démontre : tel fait qui, au premier abord, paraît peu important, acquiert une véritable valeur quand on le rapproche d'autres circonstances, et telle objection qui semble au premier examen invincible, s'évanouit comme d'elle-même en présence d'une étude attentive ; car, alors, la cause étant éclairée sous toutes ses faces, les faits revêtent leur véritable caractère ; les principes du Droit se déroulent dans leur ordre naturel, et, quand vous abordez la barre, vous pouvez être complets et substantiels, sans abuser de l'attention des magistrats, qui toujours (je suis heureux de leur rendre ce témoignage) se montrent pleins de bienveillance et d'urbanité pour le barreau !

A la barre, les difficultés vous entourent de toutes

parts : les conversations du client, l'étude de la cause,
la conviction qui vous anime, les entraînements même
de la parole : tout vous porte à la violence, à la passion,
à la colère. Cependant, vous devez réagir contre ces
fortes émotions de votre âme et imprimer à votre lan-
« gage cette haute convenance et cette libre dignité qui,
« selon une belle expression [1], agrandit la majesté même
« de la justice. » La *modération* est un des devoirs les
plus essentiels de notre profession, et notre ministère
serait inutile, peut-être même dangereux, s'il n'avait
pas pour but de bannir du sanctuaire de la justice le
spectacle douloureux des passions des plaideurs, de
leurs colères et de leurs invectives. En passant sur
nos lèvres, leur cause doit se dépouiller de cet alliage
impur, s'ennoblir et n'apparaître sous les yeux du
juge qu'avec son appareil légal. Ainsi, nous serons
dignes du noble privilége que la loi nous accorde
depuis si longtemps et qu'elle ne saurait nous enlever
sans porter atteinte à la Justice elle-même !

Mais si nous devons être modérés, c'est aussi pour
nous un devoir d'être indépendants. Cette *indépendance*, d'ailleurs, ne saurait causer aucun ombrage
aux divers gouvernemets qui se succèdent si fréquem-
ment dans notre pays; et l'on ne comprend pas qu'un
chef d'empire ait osé dire : « Les avocats sont des fac-
« tieux, des artisans de crimes et de trahison... Je
« veux qu'on puisse couper la langue à un avocat
« qui s'en sert contre le gouvernement [2]. »

---

1. Berryer, Discours de rentrée du 9 décembre 1852, tome IV, page 426.
2. Lettre de Napoléon Ier à Cambacérès, citée par M. Dupin, tome Ier, page 132.

Telle n'est pas, Messieurs, la noble indépendance que revendique le barreau, et sans laquelle il ne pourrait pas remplir sa mission. « Elle n'est pas un droit, elle est un devoir », a dit un célèbre avocat[1]. Oui, c'est pour nous un devoir de défendre avec loyauté et énergie la cause qui nous est confiée, de dire tout ce qui nous paraît nécessaire pour en assurer le triomphe, et absorbés par cette généreuse pensée, de ne pas examiner quel est l'adversaire qui se trouve devant nous, s'il est puissant par les titres, l'influence ou la fortune. Ainsi envisagée, l'indépendance du barreau revêt un caractère de véritable grandeur, et celui-là seul serait tenté de la dédaigner qui serait certain de n'être jamais obligé d'en solliciter les bienfaits !

Quelque considérables que soient les services que notre profession est appelée à rendre, le *désintéressement* est une de ses vertus essentielles. Que ceux-là donc qui n'ont d'autre ambition que de conquérir un riche patrimoine ne s'enrôlent pas sous notre bannière et recherchent ailleurs les sources de la fortune et de l'enrichissement facile !

Nous ne devons pas, sans doute, dédaigner la rémunération légitime de nos travaux, et il nous est souvent permis de nous attrister de l'ingratitude des clients. Mais considérez notre profession dans son principe et dans son but, et vous ne tarderez pas à être convaincus qu'elle a un idéal plus élevé, qu'elle puise ses inspirations aux sources mêmes du vrai, du

---

1. Chaix-d'Est-Ange, Discours de rentrée du 2 décembre 1843, tome Ier, page 241.

bien et du beau, que la considération publique est sa plus précieuse récompense. Le soldat qui expose sa vie sur les champs de bataille, le prêtre qui sollicite les âmes vers les sentiers de la vertu, le peintre qui traduit sur la toile les conceptions de son génie, le statuaire qui donne la vie au marbre qu'a tourmenté son ciseau, sont-ils guidés par la pensée du lucre et ne puisent-ils pas leurs inspirations dans des mobiles plus élevés? L'avocat appartient à cette famille des esprits supérieurs qui poursuivent l'idéal sans pouvoir l'atteindre jamais. C'est le cœur qui est la source de l'éloquence, le bien son plus puissant aiguillon, le beau son plus noble ornement. Ne rencontrez-vous pas vos plus grands mouvements d'éloquence dans les causes qui font vibrer votre cœur, soit que vous défendiez un ami injustement attaqué, soit que, vous élevant plus haut encore, vous agitiez à la barre votre drapeau politique ou religieux?

Aussi le désintéressement est la foi fondamentale de notre Ordre: nous sommes tous ses serviteurs, et il compte même parmi nous des héros. Vous connaissez ce trait de Paillet [1], de cet éminent avocat tombé glorieusement à la barre. Il avait refusé de plaider une affaire importante qui lui paraissait suspecte ; le client va le trouver, prend le dossier sous prétexte de le feuilleter, y glisse de manière à être vu, dix mille francs en billets de banque et le lui remet ensuite en disant: « Veuillez, je vous prie, revoir ce dossier, j'ai

1. Liouville, *De la profession d'avocat*, page 65, note 1.

la conviction qu'en l'étudiant de rechef vous y trouverez du nouveau et que vous me défendrez. » Paillet lui répondit avec un fin sourire : « Je ne sais pas ce que je pourrais trouver de nouveau dans les pièces ; mais comme il n'y a rien de nouveau dans l'affaire depuis que je vous ai donné mon avis, permettez-moi de m'en tenir à mon premier examen. »

Et vous n'avez pas oublié cette fière réponse de Berryer au duc de Brunswick, qui lui avait envoyé 50,000 francs pour le défendre dans le procès que la comtesse ce Civry, sa fille, lui avait intenté :

« MONSEIGNEUR,

« Si j'ai défendu Votre Altesse Royale contre le roi
« d'Angleterre et les puissants princes de sa famille,
« c'est parce qu'elle avait raison ; mais je refuse de la
« défendre contre la comtesse de Civry, sa fille, parce
« qu'elle a cent fois tort [1]. »

Enfin, Messieurs, il est un autre devoir, bien doux à remplir celui-là, car il est écrit dans nos cœurs : je veux dire *la confraternité.* « Aimez-vous les uns les autres », a dit le Christ, et le sentiment que je vous recommande n'est que l'application de cette divine parole. Ayez de la déférence pour vos anciens ; ceux-ci seront pleins d'affabilité pour vous; il est si naturel d'aimer la jeunesse ! Nous sommes les membres d'une même

---

1. Lettre du 12 août 1862, citée par les journaux à l'occasion de l'érection de la statue de Berryer à la salle des Pas-Perdus du Palais-de-Justice de Paris (le 20 janvier 1879).

famille : pourquoi ne pas mettre en commun nos joies et nos tristesses ?

La confraternité nous impose, d'ailleurs, des devoirs précis dans l'exercice de notre profession : communiquer les pièces dont nous devons faire usage, afin de régler loyalement à l'avance les conditions de la lutte ; nous associer avec bienveillance aux projets de transaction qui nous sont offerts, et, s'ils échouent, garder le plus scrupuleux secret sur les confidences échangées pour en préparer le succès ; exagérer, dans la défense, les scrupules de la délicatesse et de la loyauté ; éviter par son langage de blesser ou d'humilier son adversaire, applaudir au succès d'un rival et se réjouir de l'honneur qui en rejaillit sur la corporation ; faciliter les débuts des jeunes confrères et leur prodiguer de sympathiques encouragements : telles sont les règles sur lesquelles repose la confraternité du barreau. Pratiquons-les exactement, Messieurs ; nous y trouverons les joies les plus pures de notre profession !

C'est, Messieurs, parce qu'il a toujours fidèlement rempli ces austères devoirs que le barreau a su conquérir une si haute place dans l'estime publique ; et, quand à ce sentiment profond de la vertu viennent se joindre les dons merveilleux de l'intelligence, l'avocat arrive naturellement au faîte des grandeurs. La magistrature lui confie ses postes les plus élevés ; il se nomme Dupin, Delangle, Chaix-d'Est-Ange. La tribune retentit de ses éloquentes harangues et proclame avec orgueil les noms de Martignac, de de Serre, d'Odilon-Barrot, de Marie, de Berryer. Il domine les assemblées parlementaires, dirige les ministères, administre la justice, et enfin, — honneur suprême ! — il [1] inscrit son nom dans le livre de l'histoire à côté d'un homme d'Etat illustre et d'un glorieux maréchal de France !

Ah ! je le sais, Messieurs, il n'est donné qu'à quelques-uns d'atteindre ces brillants sommets ; mais, dans cette fête du barreau, ne nous est-il pas permis d'illuminer les portraits de nos ancêtres et de les saluer de nos acclamations ?

Heureusement, pour remplir la tâche qui nous est assignée ici-bas et laisser après nous un nom honoré, il suffit de nous acquitter virilement de tous nos devoirs et d'être toujours fidèles au culte de la vérité et de la justice, de la liberté et de l'honneur !

Il était animé, Messieurs, de tous ces nobles sentiments le vénérable confrère que nous avons eu la douleur de perdre cette année et dont je dois faire revivre l'image en quelques mots.

M. Prosper Ferradou s'est éteint le 4 février dernier, à l'âge de quatre-vingt-quatre ans. Fils d'un éminent professeur de Droit commercial à la Faculté de Toulouse, il occupa d'abord une charge d'agréé près le tribunal de commerce. Il ne tarda pas à s'y distinguer ; aussi lorsque Romiguières fut élevé au poste de procureur général, en 1832, cet illustre magistrat le prit auprès de lui

---

1. M. Grévy, ancien bâtonnier du barreau de Paris, Président de la République.

en qualité de substitut ; il était intimement lié avec sa famille et il avait eu l'occasion d'apprécier ses mérites. A cette époque, deux avocats généraux, MM. Ressigeac et Daguilhon-Pujol, furent appelés par le suffrage de leurs concitoyens à l'honneur de siéger à la Chambre des Députés ; ces absences fréquentes rendaient plus difficiles et plus pénibles les fonctions de leurs substituts. Après douze années d'un labeur incessant, M. Ferradou vit sa santé décliner et songea à s'asseoir sur un siége de conseiller. Il fut sur le point de l'obtenir, et sa nomination était même signée, lorsque des incidents politiques le lui enlevèrent. C'était en 1845 ; blessé dans sa dignité, il donna sa démission, et, malgré les instances de son puissant protecteur, qui lui fut toujours dévoué, il refusa d'entrer de nouveau dans la magistrature.

Il se fit inscrire au barreau, mais sans avoir l'ambition d'y plaider. Élu conseiller municipal, il fut un soutien zélé de l'administration de M. Cabanis, maire de Toulouse, et, en récompense des services qu'il rendit à la cité, il reçut la décoration.

En 1852, il fut nommé président du Bureau d'assistance judiciaire près le tribunal de première instance, et conserva ces fonctions jusqu'au moment où une légère surdité l'empêcha de les remplir sans fatigue.

Grand propriétaire aux environs de la ville, il a été longtemps maire de sa commune rurale ; il en a géré les intérêts avec zèle et dévouement. A l'époque de l'inondation de 1875, qui la submergea presque en entier et y accumula tant de ruines, M. Ferradou rendit de véritables services, et sa générosité fut sans limites. Malgré son âge avancé, il avait conservé toute la vigueur de son intelligence, et je me souviens que, peu de temps avant sa mort, il m'entretint d'une affaire concernant la commune de Blagnac avec la vivacité d'un jeune homme et la science d'un jurisconsulte. Après avoir vécu comme un sage, il est mort en chrétien : honneur et respect à sa mémoire !

La mort, heureusement, n'a pas frappé d'autres victimes dans nos rangs ; mais deux de nos confrères ont quitté le barreau pendant le cours de cette année, et je pense être l'interprète de vos sentiments en exprimant les regrets de l'Ordre tout entier.

C'était une fête pour le jeune barreau, et pour nous tous, ses confrères aimés, lorsque M⁰ Jacques Piou devait porter la parole dans une cause solennelle. Nous accourions sur ses pas, assurés que notre attente ne serait pas trompée et que nous éprouverions les plus nobles jouissances de l'esprit. C'est que, Messieurs, il était au barreau peu d'orateurs aussi distingués ; il est inutile de le dépeindre devant vous, qui l'avez entendu et avez gardé le souvenir de ses éclatants succès. Soit qu'il ait défendu avec conviction les idées libérales auxquelles il a voué sa vie, soit qu'il ait arraché à des jurés saisis d'admiration un acquittement inespéré, soit que dans de mémorables affaires civiles il ait déployé toutes les ressources de son intelligence, toujours il a été digne de lui-même. Jeune encore, et par une révélation soudaine, il s'était placé aux premiers rangs ; sa renommée n'avait fait que grandir ; qui sait quelles destinées supérieures lui étaient réservées si la faveur populaire l'avait élevé sur un théâtre plus éclatant? Cependant, malgré ses brillants succès, la modestie ne l'abandonna jamais; y eût-il parmi nous un confrère plus bienveillant et plus affable? Ce n'est pas sans regret que M° Piou nous a quittés; et vous savez avec quelle sympathie sa pensée se reporte vers notre barreau. Puisse ce cher exilé revenir bientôt dsns sa patrie toulousaine! il y rencontrera toujours des confrères heureux de serrer sa main loyale et d'applaudir sa magnifique éloquence!

Un de nos jeunes confrères a quitté récemment le barreau pour entrer dans la magistrature. M° Saint-Aubin a laissé au milieu de nous d'excellents souvenirs. Versé dans la connaissance pratique des affaires, il voyait tous les jours sa clientèle augmenter, et son avenir était assuré. Intelligent, studieux, passionné pour la vérité, il était investi de la confiance du tribunal, qui lui confiait souvent les fonctions de commissaire. Nous savons tous quelle était la valeur de ses rapports, devant lesquels nous étions souvent obligés de nous incliner. L'aménité de son caractère lui avait conquis l'affection de tous ses confrères. Aussi nos vœux l'accompagnent dans la carrière qu'il a choisie, et nous ne doutons pas qu'il y rencontre le succès qui déjà lui souriait au barreau.

Enfin, Messieurs, n'est-ce pas remplir un devoir de confraternité que d'exprimer nos sympathies à ceux de nos confrères qui ont été victimes des derniers scrutins populaires? M. de Belcastel est toujours inscrit sur notre tableau ; le nom de Me Depeyre, après y avoir été longtemps inscrit, n'en a disparu que depuis peu de temps : tous les deux nous appartiennent donc.

Un de mes prédécesseurs[1] applaudissait à leur entrée dans la carrière politique et leur souhaitait de brillantes destinées. Ces vœux se sont heureusement réalisés.

M. de Belcastel a souvent abordé la tribune et s'y est révélé orateur éloquent. Puisant dans les enseignements de la foi la source de ses convictions religieuses et politiques, il les a toujours défendues avec une énergie indomptable et une loyauté chevaleresque. Il a été l'honneur de son parti et a su conquérir l'estime et le respect de ses adversaires eux-mêmes.

Préparé à la vie politique par l'étude du Droit, l'habitude de la parole et l'ardeur de ses convictions, Me Octave Depeyre ne tarda pas à se distinguer dans l'Assemblée nationale et à être reconnu comme un des chefs de la droite. Il a prononcé des discours qui honorent la tribune française. Il a eu l'honneur, sous le ministère de Broglie, de remplir les fonctions de ministre de la justice. Nous n'avons pas le droit d'examiner ses actes politiques : ils ne relèvent que de sa conscience. Mais proclamons bien haut qu'arrivé au pouvoir, il n'a pas oublié la profession qui avait été le marchepied de sa grandeur : non-seulement il a appelé d'éminents avocats à l'honneur de siéger dans les rangs de la magistrature, mais encore, voulant rendre un

1. Me J. Rumeau, allocution du 26 mars 1871.

solennel hommage au barreau qui avait été le berceau de sa renommée, il a fait briller sur la poitrine de notre vénéré doyen, M⁰ Bahuaud, la croix de la Légion d'honneur.

Saluons donc de nos sympathies confraternelles ces deux glorieux vaincus de la politique, et ne craignons pas de leur témoigner l'estime et l'affection qui sont dans nos cœurs !

Chers et jeunes Confrères,

Il y a vingt-cinq ans, dans une solennité semblable à celle de ce jour, un des lauréats de la Conférence s'exprimait ainsi [1] : « Rendons grâce à celui qui, « pendant ces deux dernières années, a dirigé nos réu- « nions avec la bonté et l'indulgence d'un père, qui « nous a conduits comme par la main dans le sentier « difficile que nous avons à parcourir, et dont l'amé- « nité nous a rendus plus précieux encore les conseils « du savoir et de la sagesse. »

Si je rappelle ces paroles, ce n'est pas pour y puiser un sentiment de vanité, car je n'ignore pas combien elles sont empreintes de bienveillance ; mais, permettez-moi de le dire, si je n'ai pas été tel que me dépeignait ce trop indulgent disciple, tel, du moins, j'aurais voulu être, tel, surtout, je voudrais devenir aujourd'hui.

Si l'âge a pour conséquence d'affaiblir les facultés

----

1. *Éloge de M. de Gary*, prononcé, le 16 décembre 1865, par M. Joseph d'André, avocat.

de l'intelligence, il ne porte aucune atteinte aux sentiments du cœur. J'ai toujours ardemment aimé le jeune barreau, et, au sein de la vieillesse, je sens se réchauffer encore mon affection pour lui. Avec quelle joie j'ai applaudi aux succès de vos devanciers ! avec quelle émotion j'ai suivi le cours de leurs brillantes destinées !.....

Je suis impatient de vous connaître, Chers Stagiaires, et de vos prodiguer, avec les conseils de l'expérience, les encouragements de l'amitié. J'aurais décliné l'honneur du bâtonnat si je n'avais eu en perspective ces affectueuses communications de l'ancien avec les jeunes ; elles en constituent, à mes yeux, tout le prix, car il n'est pas pour le vieillard de plus douce joie que de renfermer ses derniers jours dans la contemplation des vérités éternelles et l'amour de la jeunesse !

Puis, M. le Bâtonnier, remettant la médaille Fourtanier à M. Mérignhac, s'est exprimé en ces termes :

MAÎTRE MÉRIGNHAC,

Venez recevoir la médaille Fourtanier que le Conseil de l'Ordre vous a décernée et qui est la juste récompense de vos mérites.

Ce qui donne tant de prix à cette distinction, c'est qu'elle rappelle le souvenir de l'illustre confrère qui y a attaché son nom. Alexandre Fourtanier a été un des plus grands avocats de notre barreau ; s'il a eu des égaux, il n'a pas eu de supérieurs. Toutes les qualités qui constituent l'avocat éminent : connaissance approfondie du Droit, vigueur de la dialectique, netteté du langage, ardeur au travail, loyauté du caractère, brillaient en lui du plus vif éclat.

Excellent confrère, il aimait avec passion le jeune barreau, et pour lui témoigner tout son attachement, il a fondé le prix qui porte son nom, et qui occupe le premier rang dans les récompenses du stage.

Je suis heureux, mon cher confrère, de vous remettre cette médaille, car vous portez un nom qui a depuis longtemps toutes mes sympathies. Vous avez conquis de trop nombreuses palmes à la Faculté de Droit pour n'être pas digne d'y enseigner un jour avec éclat. Puisse cette récompense être pour vous un nouveau stimulant au travail, en contribuant à vous assurer le succès dans la noble et difficile carrière que vous avez choisie !

Toulouse, Imprimerie Paul Privat, rue Saint-Rome, 9.

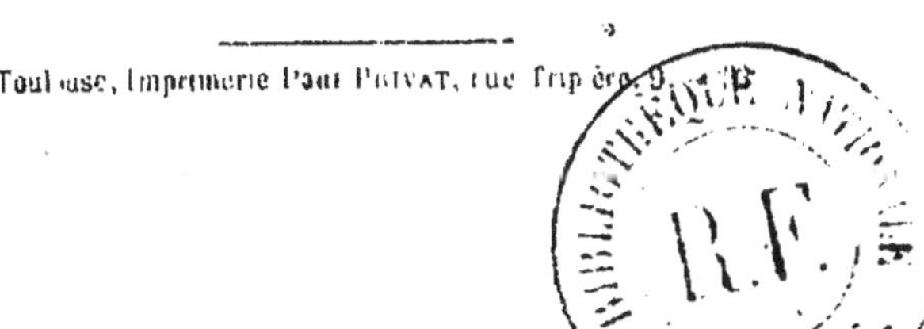